Geschäftsprozesse und Anwendungssysteme. Die Methode EPK (Ereignisgesteuerte Prozessketten)

Elemente und Regeln

Arne Fröning

Bibliografische Information der Deutschen Nationalbibliothek:

Die Deutsche Nationalbibliothek verzeichnet diese Publikation in der
Deutschen Nationalbibliografie; detaillierte bibliografische Daten sind
im Internet über http://dnb.d-nb.de abrufbar.

ISBN: 9783346679048
Dieses Buch ist auch als E-Book erhältlich.

© GRIN Publishing GmbH
Nymphenburger Straße 86
80636 München

Druck und Bindung: Books on Demand GmbH, Norderstedt Germany
Gedruckt auf säurefreiem Papier aus verantwortungsvollen Quellen

Das vorliegende Werk wurde sorgfältig erarbeitet. Dennoch
übernehmen Autoren und Verlag für die Richtigkeit von Angaben,
Hinweisen, Links und Ratschlägen sowie eventuelle Druckfehler keine
Haftung.

Das Buch bei GRIN: https://www.grin.com/document/1245077

Arne Fröning

Assignment
Modul ANS40

<u>Thema:</u>

Kurztitel: Die Methode EPK - 1

Langtitel: Die Methode EPK (Ereignisgesteuerte Prozessketten) - Elemente und Regeln

Assignment an der AKAD University
– AKAD Hochschule Stuttgart - staatlich anerkannt

Datum: 23.03.2018

INHALTSVERZEICHNIS

ABBILDUNGSVERZEICHNIS

1. Einleitung

1.1 Hintergrund und Motivation

Ereignisgesteuerte Prozessketten dienen der Modellierung von Geschäftsprozessen. Um uns diesem Thema anzunähern, ist es also sinnvoll, zuerst zu hinterfragen, was mit der Modellierung von Geschäftsprozessen eigentlich bezweckt werden soll. Ein Modell bildet die Realität zu einem bestimmten Zeitpunkt ab. Um diese Zeitpunktbetrachtung durchführen und vor allem darstellen zu können, muss die Komplexität auf die wesentlichen Dinge reduziert werden. Zu diesem Zwecke abstrahiert man die Realität auf Dinge, die zu dem betrachteten Zeitpunkt als wesentlich erachtet werden (vgl. Staud, Kap. 1, 2014).

Ein Modell ist also ein abstrahiertes, zeitpunktbezogenes Abbild der Realität.

Ein Geschäftsprozess resultiert aus den Vorgängen, die in einem Unternehmen zur Erfüllung seiner Geschäftstätigkeiten ablaufen. Betrachtet man den eigentlichen Unternehmenszweck, so lässt sich dieser weiter in einzelne Teilaufgaben, die ihrerseits der Erreichung des Unternehmenszwecks dienen, aufgliedern. Man kann Aufgaben und Teilaufgaben also auf unterschiedlichen Abstraktionsebenen betrachten – von dem übergeordneten Unternehmenszweck bis hin zur kleinsten (atomisierten oder zumindest betriebswirtschaftlich nicht mehr sinnvoll zerlegbaren) Teilaufgabe.

Ein Geschäftsprozess ist demnach eine zusammenhängende, endliche Abfolge von Tätigkeiten, die der Erreichung eines Unternehmensziels dienen (vgl. Staud, 2001, S. 9).

Mit der Modellierung von Geschäftsprozessen entfernt man sich bewusst von der statischen, strukturorientierten Sichtweise von Organisationen, wie sie sich aus den Zeiten der Industrialisierung und der damit verbundenen Arbeitsteilung ergab und betrachtet die Prozesse in ihren sparten- und funktionsübergreifenden Zusammenhängen.

Die Notwendigkeit dieser veränderten Betrachtungsweise mag in einer gestiegenen Komplexität der Geschäftsprozesse bzw. in dem Wunsch der Reduzierung oder zumindest der Beherrschung dieser Komplexität liegen. Um dies zu gewährleisten, müssen die zeitlichen und sachlogischen Zusammenhänge der einzelnen Abläufe dargestellt werden. Insbesondere bei parallel ablaufenden Vorgängen bieten sich hierfür graphische Beschreibungen – wie die einer EPK – an, da diese eine höhere Anschaulichkeit als eindimensionale Beschreibungen – wie z.B. ein Text – bieten (vgl. Rump, S. 12, 1999). Grundsätzlich ist eine ereignisgesteuerte Prozesskette eine Aneinanderreihung von Ereignissen (Zuständen) und Funktionen (Tätigkeiten oder Aktionen). Ergänzt wird diese Aneinanderreihung unter dem Terminus „eEPK" (erweiterte ereignisgesteuerte Prozesskette) durch die Einbeziehung von Organisationseinheiten und Informationen.

1.2   Aufbau der Arbeit

Im zweiten Kapitel dieses Assignments werden zuerst die einzelnen Elemente einer ereignisgesteuerten Prozesskette beschrieben. Hierbei werden auch auf die Elemente dargestellt, welche in der meisten Literatur unter dem Namen „eEPK" – erweiterte ereignisgesteuerte Prozessketten – beschrieben werden.

Aus Gründen der Vereinfachung wird nachfolgend diese Unterscheidung nicht mehr getätigt, sondern alle Elemente werden in den Kapiteln 2.1 bis 2.4 unter der Überschrift „Elemente der EPK" beschrieben.

Kapitel 3 befasst sich mit der Verknüpfung der einzelnen Elemente untereinander, denn wie bereits beschrieben liegt ein Schwerpunkt dieser Modellierungsvariante in der Prozessbetrachtung, welche natürlich die Beschreibung von Verknüpfungen und Abhängigkeiten unabdingbar macht.

In Kapitel 4 werden allgemeingültige Regeln zur Modellierung beschrieben. Wenngleich man natürlich immer bestrebt ist, die Anzahl an Regeln so gering wie möglich zu halten, so wäre bei gänzlichem Verzicht doch keine allgemeingültige, für jedermann verständliche Modellierung möglich.

Eine kritische Reflektion beinhaltet Kapitel 5, während Kapitel 6 schließlich dieses Assignment mit einer Zusammenfassung abschließt.

2. Elemente einer EPK

2.1   Ereignisse

Ereignisse werden mit dem nachfolgenden Sechseck dargestellt:

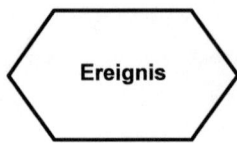

Abb. 1: Graphische Darstellung von Ereignissen. Eigene Darstellung.

Ereignisse bezeichnen Zustände, sie steuern und beeinflussen die Abläufe im Unternehmen, indem sie Funktionen auslösen oder deren Ergebnis sind. Da sie selbst keine aktiven Komponenten beinhalten, werden sie auch als die passiven Elemente einer EPK bezeichnet.

Ein einzelnes Ereignis kann eine oder mehrere Funktionen gleichzeitig auslösen, ebenso können mehrere, gleichzeitige Ereignisse das Ergebnis einer Funktion sein. Ereignisse sind immer auf einen bestimmten Zeitpunkt bezogen, wenngleich dieser in der Regel nicht spezifiziert wird (vgl. Staud, Kap. 3.4, 2014). Vielmehr ergibt sich der Zeitpunkt aus der konkreten Einbettung in eine Folge von Funktionen und Ereignissen, also in den Kontrollfluss (siehe Kap. 3.1).

Ereignisse haben immer eine (oder mehrere) Funktion(en) zur Folge oder sind selbst das Ergebnis einer Funktion!

Die Benennung wird folgendermaßen vorgenommen:

„Kunden-Auftrag ist eingegangen" anstatt

„Kunden-Auftrag geht ein".

2.2 Funktionen

Funktionen sind (im Gegensatz zu Ereignissen) aktive Komponenten, welche mit dem folgenden Symbol dargestellt werden:

```
┌─────────────────────┐
│                     │
│  Funktion           │
│                     │
└─────────────────────┘
```

Abb. 2: Graphische Darstellung von Funktionen. Eigene Darstellung.

Funktionen sind zu leistende (Teil-) Aufgaben bzw. Tätigkeiten, die immer zwischen zwei Ereignissen stehen, dem (auslösenden) Startereignis und dem (beschließenden) Endereignis.

Sie verarbeiten Ein- und Ausgabedaten und besitzen Entscheidungskompetenz, d.h. im Falle von mehreren nachfolgenden Prozesszweigen kann während der Ausführung von Funktionen entschieden werden, welcher Weg eingeschlagen wird (vgl. Lehmann, S. 65, 2008).

Da Funktionen (Teil-) Aufgaben sind, lassen sie sich zerlegen oder aggregieren, somit erreicht man ein niedrigeres oder größeres Abstraktionsniveau.

Funktionen können um die ausführenden Organisationseinheiten (siehe Kapitel 2.3) sowie um die zur Ausführung benötigten Informationsobjekten (siehe Kapitel 2.4) ergänzt werden.

Nicht berücksichtigt werden die für die in der Funktion beinhalteten Tätigkeiten benötigte Zeit.

Da Funktionen die aktiven Komponenten einer EPK sind, wird zu ihrer Beschreibung immer ein Substantiv mit einem Infinitiv verbunden.

Beispiel:

„Auftrag prüfen" anstatt
„Auftrag wird geprüft".

2.3   Organisationseinheiten

Mithilfe von Organisationseinheiten beschreibt man, welche Stelle oder welche Instanz für die in einer Funktion beschriebenen Tätigkeiten zuständig ist.

Organisationseinheiten werden durch das folgende Symbol beschrieben:

Abb. 3: Graphische Darstellung von Organisationseinheiten. Eigene Darstellung.

Organisationseinheiten werden den Funktionen zugeordnet, die sie auszuführen haben. Abbildung 4 zeigt die graphische Darstellung dieser Zuordnung.

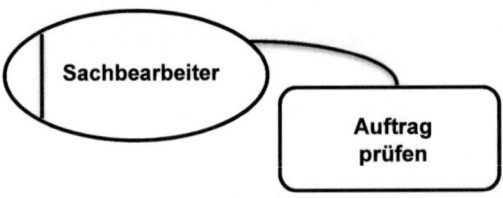

Abb. 4: Verknüpfung von Organisationseinheiten mit Funktionen. Eigene Darstellung.

Die hier als Verbindungselement verwendete Linie zeigt, dass es sich (im Gegensatz zu den im nachfolgenden Kapitel beschriebenen Informationsobjekten) um eine ungerichtete Zuordnung handelt. Man nennt dieses bei ungerichteten Zuordnungen verwendete Notationselement auch Zuordnungskante (vgl. Möhring; Vogel, S. 48, 2013).

2.4   Informationsobjekte

Informationsobjekte sind Datenbestände, die zur Verrichtung einer in einer Funktion beschriebenen Aufgabe notwendig sind und werden durch das folgende Symbol beschrieben:

Abb. 5: Graphische Darstellung von Informationsobjekten. Eigene Darstellung.

Informationsobjekte werden mit der Funktion, zu der sie in Beziehung stehen, durch einen Pfeil verknüpft. Die Richtung des Pfeils gibt dabei an, ob eine Funktion Informationen benötigt oder ob aus einer Funktion Informationen als (Teil-) Resultat hervorgehen – also, ob die „Daten einer Funktion gelesen oder geschrieben werden" (Möhring; Vogel, S. 46, 2013).

Abbildung 6 illustriert die Verknüpfung eines für die Durchführung einer Funktion notwendigen Informationsobjektes.

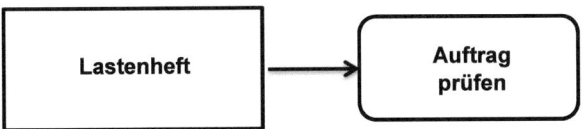

Abb. 6: Verknüpfung von Informationsobjekten mit Funktionen. Eigene Darstellung.

3. Verknüpfung der Elemente einer EPK

Die Verknüpfung der Elemente einer EPK kann auf unterschiedlichen Wegen erfolgen.

3.1 Kontrollfluss

Der Kontrollfluss modelliert den zeitlich-logischen Ablauf von Ereignissen und Funktionen. Er wird dargestellt durch eine gestrichelte Linie mit Pfeil.

- - ->

Abb. 7: Pfeil zur Darstellung des Kontrollflusses. Eigene Darstellung.

Er verbindet entweder Ereignisse mit Funktionen oder Funktionen mit Ereignissen.

Beispiele:

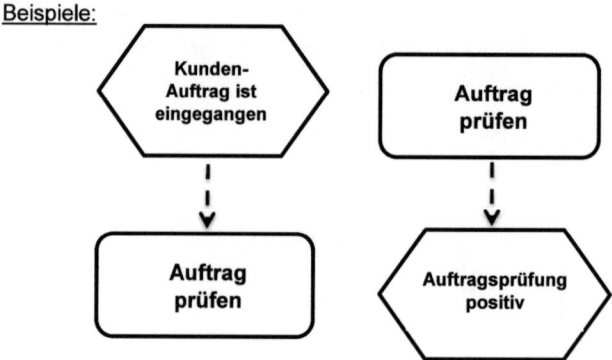

Abb. 8: Beispielhafte Darstellungen des Kontrollflusses. Eigene Darstellung.

3.2   Konnektoren

Werden mehrere Ereignisse oder Funktionen gleichzeitig verknüpft, so werden die sogenannten Konnektoren oder Operatoren verwendet. Folgende Konnektoren können unterschieden werden:

Und:

Abb. 9: Verknüpfungsmöglichkeiten mit dem „UND"-Konnektor. Eigene Darstellung.

Der „und"-Konnektor zeigt an, dass im Kontrollfluss erst weitergegangen wird, wenn entweder alle verknüpften Funktionen getätigt oder alle verknüpften Ereignisse eingetroffen sind.

Oder:

Abb. 10: Verknüpfungsmöglichkeiten mit dem „ODER"-Konnektor. Eigene Darstellung.

Der „oder"-Konnektor zeigt an, dass es im Kontrollfluss erst weitergeht, wenn mindestens eine der verknüpften Funktionen getätigt oder mindestens eines der verknüpften Ereignisse eingetroffen ist.
Dabei ist es unerheblich, welche der Funktionen getätigt oder welches der Ereignisse eingetroffen ist.

Exklusives Oder (XODER):

Abb. 11: Verknüpfungsmöglichkeiten mit dem „XODER"-Konnektor. Eigene Darstellung.

Der „exklusive-oder"-Konnektor zeigt an, dass es im Kontrollfluss erst weitergeht, wenn genau eine der verknüpften Funktionen getätigt oder genau eines der verknüpften Ereignisse eingetroffen ist.
Dabei schließt die eine getätigte Funktion oder das eine eingetroffene Ereignis die anderen aus.

Oftmals platziert man die Konnektoren in einem zweigeteilten Kreis, wie die nachfolgenden Beispiele zeigen:

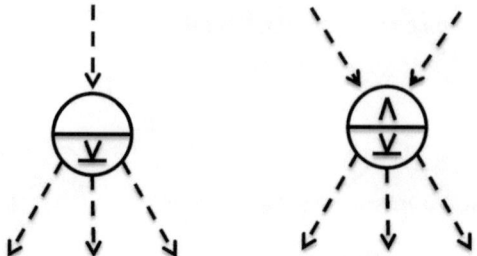

Abb. 12: Darstellung der zweigeteilten Konnektoren und Kontrollfluss. Eigene Darstellung.

Im der oberen Hälfte des Kreises werden die Konnektoren für den ankommenden (vorgelagerten) Kontrollfluss dargestellt, in der unteren Hälfte des Kreises die Konnektoren für den abgehenden (nachgelagerten) Kontrollfluss.

Wenn wie im linken Beispiel der Abb. 12 nur ein Kontrollflusszweig ankommt, gibt man entsprechend in der oberen Hälfte des Kreises auch keinen Operator an.

Alternativ zu dieser Darstellung kann man auch einzelne Konnektoren nacheinander verbinden, um so die Konnektoren des ankommenden Kontrollflusses von den Konnektoren des abgehenden Kontrollflusses zu unterscheiden.

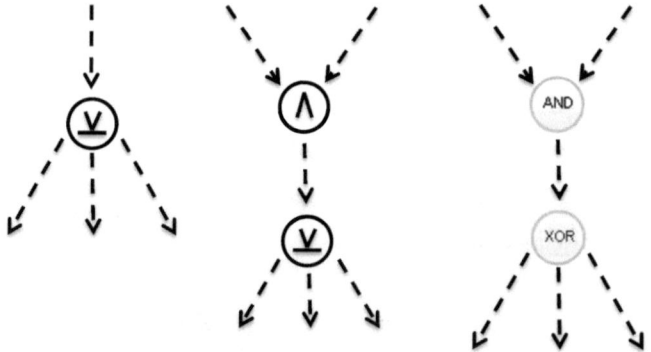

Abb. 13: Darstellung der einteiligen Konnektoren und Kontrollfluss. Eigene Darstellung.

3.3   Wiederzusammenführung des Kontrollflusses

Die Konnektoren spalten den Kontrollfluss in verschiedene Zweige (parallel ablaufende Funktionen oder parallel stattfindende Ereignisse) auf. Diese Aufspaltung muss früher oder später wieder aufgegeben werden, der Kontrollfluss muss also wieder zusammengeführt werden.

Hierfür gilt die Regel, dass die Zusammenführung mit demselben Konnektor durchgeführt werden muss, mit dem auch aufgespaltet wurde.

3.4   Prozessschnittstellen

Mithilfe von Prozessschnittstellen werden Verbindungen zwischen einzelnen Prozessen dargestellt, es wird also in einer EPK auf eine andere EPK verwiesen (vgl. Lehmann, S. 73, 2008).

Das hierfür verwendete Symbol wird auch „Prozesswegweiser" genannt und folgendermaßen dargestellt:

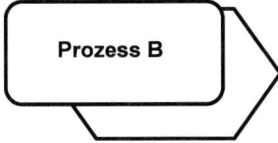

Abb. 14: Graphische Darstellung von Prozesswegweisern. Eigene Darstellung.

Prozesswegweiser werden häufig verwendet, um unübersichtliche, lange Prozessketten in übersichtlichere Teilprozesse zu zerlegen.

Ebenfalls lassen sich mithilfe von Prozesswegweisern häufig verwendete Teilprozesse auch in vielen anderen Prozessketten in vereinfachter Form verwenden.

4. Regeln der EPK

1) Alle Elemente einer EPK müssen zusammenhängend modelliert sein (vgl. Gröner; Fleige, S. 19, 2015). Es dürfen keine Bestandteile einer EPK isoliert modelliert werden.

2) Ereignisse sind als Zustände eines Prozesses als dessen Grundlage anzusehen. (vgl. Gröner; Fleige, S. 19, 2015).

3) Ereignisse wechseln sich bei der Modellierung stets mit Funktionen - welche eine Zustandsänderung herbeiführen – ab (vgl. Corsten; Roth, S. 1010, 2017).

4) Ein Modell besitzt immer mindestens ein Start- und ein Endereignis, das Startereignis ist der Prozessauslöser und das Endereignis ist das Prozessergebnis (vgl. Gröner; Fleige, S. 19, 2015).

5) Nur Funktionen sind mit Entscheidungskompetenzen ausgestattet. Funktionen können auch stellvertretend für Teilprozesse stehen, diese Teilprozesse können mithilfe einer neuen EPK modelliert werden (vgl. Gröner; Fleige, S. 19; 2015).

6) Organisationseinheiten und Informationsobjekte können nur mit Funktionen verbunden sein.

7) Auf Funktionen, die Entscheidungen treffen, folgen stets Konnektoren (UND, ODER, XODER), die nachfolgenden Ereignisse dokumentieren dabei die Handlungsalternativen. Aus logischen Gründen werden die aufgespaltenen Prozesszweige mit demselben Operator, der auch zur Aufspaltung genutzt wurde, wieder zusammengeführt (vgl. Lehmann, S. 82, 2008).

8) Ein Rücksprung beginnt immer beim auslösenden Ereignis und mündet in einem (vorhandenen oder neuen) Operator, der im Kontrollfluss vor einer Funktion steht (vgl. Lehmann, S. 82, 2008).

5. Kritik

Dieses Assignment beschreibt die grundlegenden Elemente und Regeln einer ereignisgesteuerten Prozesskette. Aufgrund der gebotenen Kürze wird weder auf typische Modellierungsfehler eingegangen, noch werden Prozesse beispielhaft modelliert, was der vollständigen Beschreibung der Thematik ohne Zweifel zuträglich gewesen wäre.

Außerdem beschäftigt sich dieses Assignment nicht mit der Einordnung der ereignisgesteuerten Prozesskette in ähnliche und andere Modellierungsmethoden. Die Betrachtung dieser Einordnung ist bei der Entscheidung für eine Modellierungsform eines bestimmten Prozesses sicher hilfreich.

6. Zusammenfassung

Ereignisgesteuerte Prozessketten dienen der Beschreibung und Visualisierung von Geschäftsprozessen. In Zeiten sich ausdehnender Automatisierung und komplexer werdender Abläufe steigt die Bedeutung von Werkzeugen, mit deren Hilfe man Prozesse modellieren kann. Ein solches Werkzeug ist zum Beispiel die ereignisgesteuerte Prozesskette, welche sich aus den Elementen Ereignisse, Funktionen, Organisationseinheiten und Informationsobjekte zusammensetzt.

Um einen Prozess als zusammenhängende Abfolge von Ereignissen und Tätigkeiten abbilden zu können, ist es notwendig, diese vier Elemente logisch miteinander zu verknüpfen. Der Kontrollfluss verbindet alternierend Ereignisse mit Funktionen, wobei immer ein funktionsauslösendes Startereignis und ein Endereignis existieren, welches als Ergebnis des Prozesses anzusehen ist.

Werden mehrere Funktionen zeitgleich ausgeführt oder treten mehrere Ereignisse zeitgleich ein, so spaltet man den Kontrollfluss mithilfe von Konnektoren oder Operatoren auf, die gleichen Konnektoren führen den Kontrollfluss dann später auch wieder zusammen.

Prozessschnittstellen werden durch sogenannte Prozesswegweiser modelliert, dieser verweist in einer EPK auf eine andere EPK. So können lange Prozesse und auch immer wiederkehrende Teilprozesse übersichtlich dargestellt werden.

Literaturverzeichnis

Corsten, Hans; Roth, Stefan (2017)

Handbuch Dienstleistungsmanagement

Verlag Franz Vahlen GmbH, München

Gröner, Uschi; Fleige, Markus (2015)

Prozessorientierte Modellierung und Analyse mit dem ARIS-Tool

LIT Verlag Dr. W. Hopf, Berlin

Lehmann, Frank (2008)

Integrierte Prozessmodellierung mit ARIS®

dpunkt.verlag GmbH, Heidelberg

Möhring, Michael; Vogel, Christian (2013)

Geschäftsprozessmodellierung

BoD – Books on Demand, Norderstedt

Rump, Frank J. (1999)

Geschäftsprozessmanagement auf der Basis ereignisgesteuerter Prozessketten

B.G. Teubner, Stuttgart, Leipzig

Staud, Josef Ludwig (2014)

Ereignisgesteuerte Prozessketten. Das Werkzeug für die Modellierung von
Geschäftsprozessen.

Verlag: Prof. Dr. Josef Staud, ebook

Staud, Josef Ludwig (2001)

Geschäftsprozessanalyse. Ereignisgesteuerte Prozessketten und objektorientierte
Geschäftsprozessmodellierung für betriebswirtschaftliche Standardsoftware.

Springer-Verlag Berlin, Heidelberg

BEI GRIN MACHT SICH IHR
WISSEN BEZAHLT

- Wir veröffentlichen Ihre Hausarbeit,
  Bachelor- und Masterarbeit

- Ihr eigenes eBook und Buch -
  weltweit in allen wichtigen Shops

- Verdienen Sie an jedem Verkauf

Jetzt bei www.GRIN.com hochladen
und kostenlos publizieren